AF240453

Paris, 6 Brumaire an 6 de la République
Française, une et indivisible.

LETTRE du Directeur de la Liquidation des Dettes des Émigrés du Département de la Seine,

AU CITOYEN MINISTRE DES FINANCES,

N. B. J'avais écrit cette lettre pour réunir, sous un seul point de vue, toutes les difficultés qui ont entravé et qui entravent encore les opérations dont je suis chargé ; je l'avais écrite aussi pour préparer à l'avance l'une des pièces justificatives de mon administration, si jamais elle venait à être critiquée par des personnes qui, ne pouvant connaître mes efforts continuels, mais obscurs contre les obstacles qui m'environnent, ne jugeraient de l'étendue de mon travail que par ses résultats publics. Ce motif m'avait déterminé à faire connaître au Directoire exécutif l'existence de cette lettre, dans celle que j'eus occasion de lui écrire le 8 Brumaire 6ᵉ. année. Mais depuis, j'ai réfléchi que l'attaque, si elle m'était portée, serait sans doute subite ; qu'elle aurait un grand nombre de témoins ; et que ma justification serait trop lente, si j'étais réduit à faire copier et distribuer ma lettre manuscrite. J'ai donc cru indispensable de la faire imprimer ; j'ai renfermé soigneusement sous clef toute l'édition. Elle ne verra jamais le jour, si mes craintes ne se réalisent pas, parce que je n'aime point à fixer sur moi l'attention publique ; mais si je suis attaqué, je veux trouver des armes prêtes. Le 29 Frimaire, 6ᵉ. année.

DEPUIS l'installation du bureau confié à ma direction, je me suis constamment occupé d'employer tous les moyens propres à activer les opérations de la liquidation des dettes des émigrés; à peine en exercice, j'apperçus que l'état de la législation relative à cette partie d'administration ne pouvait utilement seconder mon zèle et mes efforts; les premiers travaux auxquels j'eus occasion de me livrer, me présentèrent des difficultés dont la loi du premier Floréal an 3, ne m'offraient point de solution. Il avait été impossible sans doute de tout prévoir dans une loi qui devait s'appliquer à une multitude de conventions et à des questions aussi diverses et multipliées que celles qui peuvent résulter de toutes les formes de transactions praticables entre particuliers; une telle loi devait nécessairement présenter une foule de lacunes ; l'expérience me les fit remarquer successivement; à cet oubli du législateur se joignaient encore , soit quelques contradictions entre plusieurs des dispositions de cette même loi , soit l'impossibilité de l'exécution de quelques autres.

Ces inconvéniens paralysaient nécessairement mes travaux sous une infinité de rapports ; pour les faire cesser, je m'empressai de soumettre aux différens comités de la convention nationale , la décision des difficultés et la solution des questions dont l'incertitude entravait la marche de la liquidation.

Mes sollicitations pressantes et réitérées obtinrent d'abord quelques succès, et la convention rendit plusieurs lois, dont je vais vous exposer la nomenclature.

1o. Celle du premier Fructidor an 3, qui applique, aux créanciers viagers et pensionnaires des émigrés, les dispositions de la loi du 8 Floréal de la même année.

2o. celle du 28 Fructidor suivant, relative aux déclarations à faire par les propriétaires de créances sur les émigrés d'un même département.

3o. Celle du même jour, qui détermine le mode de liquidation des créances sur biens indivis entre émigrés et non émigrés.

4o. Celle du 29 du même mois , qui détermine le mode de liquidation des créances sur les successions de parens d'émigrés , ouvertes au profit de la nation.

5º. Celle du quatrième jour complémentaire , même année , qui détermine le cas dans lequel les créanciers d'émigrés réunis d'abord en corps d'union , peuvent être admis ensuite à liquidation.

6º. Celle du 23 Vendémiaire an 4 , relative au payement des arrérages des pensions dûes aux créanciers de parens d'émigrés , dont les successions sont dévolues à la Nation.

7º. Enfin, celle du même jour , qui règle les cas dans lesquels on peut liquider sur un héritier émigré les dettes d'une succession par lui acceptée avant son émigration.

Ce fut également sur mes sollicitations , et d'après mes divers rapports aux comités , que furent rendues d'autres lois et arrêtés relatifs à des mesures d'exécution , et notamment celui du 7 Vendémiaire an 4 , par lequel je fis nommer un défenseur des droits de la République dans les arbitrages entre elle et les créanciers d'émigrés , sur les contestations demeurées indécises.

Outre toutes les démarches et tous les travaux préparatoires à la rédaction de ces lois et arrêtés , je me suis attaché particulièrement à établir l'organisation de toutes les parties de la liquidation , et à concerter les divers modes d'exécution que la nature de chacune exigeait ; la diversité de chaque classe de créance a dû diversifier les formes et le genre de chaque opération , et il a fallu multiplier les instructions , en raison du nombre d'espèces différentes de créances qui se présentaient à liquider.

Je ne vous entretiendrai point du détail des travaux longs et minutieux que cette organisation m'a commandés ; je me bornerai à vous citer celle de la liquidation de la dette viagère.

Cette nature de dette , bien différente de celle viagère

de l'état, qui se présente sous un mode unique et généralement uniforme, et dont la liquidation peut être assujétie à des règles simples, offre au contraire, en ce qui concerne les émigrés, des formes et des espèces infiniment variées et disparates entre elles, de telle sorte qu'il a fallu établir autant de règles et de modes différens de liquidation qu'il y avait de variété d'espèces, dans la nature des constitutions viagères.

Cette organisation a nécessité des conférences longues et multipliés avec les commissaires de la trésorerie nationale et une correspondance suivie avec vous.

Tel est, CITOYEN MINISTRE, l'apperçu des progrès qu'il m'avait été possible d'obtenir pour l'activité de cette administation, jusques à l'époque de l'établissement du régime constitutionnel : mais ces progrès n'étaient encore que bien insuffisans ; une multitude de questions restaient encore sans décision, et je n'étais parvenu qu'à lever une faible partie des obstacles qui rallentissaient l'activité que je voulais imprimer à mes opérations.

Je m'adressai donc de nouveau à toutes les Autorités constituées, pour me procurer le complément des lois dont la nécessité m'était démontrée, et sans le secours desquelles je ne pouvais utiliser mes efforts. Je remis de nouveau sous les yeux des commissions du Corps législatif, du Directoire et des Ministres, les rapports et les mémoires restés indécis, j'en joignis d'autres sur des questions ou des difficultés nouvelles, que l'expérience journalière venait m'offrir, et je sollicitai sans relâche et jusqu'à l'importunité les décisions qui m'étaient nécessaires.

Je ne réussis, malgré tous mes efforts, qu'à obtenir deux arrêtés du Directoire, l'un du 12 Germinal an 4, sur différentes questions relatives à la liquidation des dettes et au payement des pensionnaires des frères du cî-devant roi ; l'autre, du 19 du même mois, qui autorise la liquidation des creanciers de Louis-Stanislas Xavier, porteurs d'obligations, avec mention de remboursement non effectué.

Mes sollicitations auprès du Corps législatif, et les fréquens messages du Directoire relatifs à mes divers rapports, ont été encore plus infructueux.

A la vérité, la commission du Conseil des Cinq-Cents, chargée de la révision des lois relatives à la liquidation de la dette des émigrés, s'était déjà occupée de l'examen de quelques-unes des questions développées dans mes rapports ; le Conseil avait lui-même adopté plusieurs résolutions y relatives ; mais l'une a été rejetée par le Conseil des Anciens, et il ne s'est pas encore prononcé sur les autres projets de résolution à lui transmis par le Conseil des Cinq-Cents, quoique ces projets soient soumis depuis plusieurs mois à son approbation.

Depuis cette même époque, le Conseil des Cinq-Cents n'a ni revisé ni la résoluton rejetée, ni entamé l'examen des autres questions soumises à sa décision.

La législation sur la liquidation de la dette des émigrés se trouve donc encore dans ce moment, ou incomplette sous beaucoup de rapports, ou d'une exécution impossible sous beaucoup d'autres.

Cet état d'incertitude et d'indécision paralyse nécessairement une majeure partie des travaux de la liquidation, et la stagnation qui en résulte préjudicie considérablement à la République, dont la dette s'accroît journellement d'une masse énorme d'intérêts, et aux créanciers qui languissent dans l'attente de leur remboursement.

J'ajoute encore que les frais de mon administration accroissent d'autant les pertes que fait l'état, et qu'il faut promptement en tirer parti, ou la dissoudre.

Aussi, dans cette position critique, me taire serait devenir coupable; je dois donc, comme administrateur pour la république en cette partie, appeler et réveiller l'attention des Autorités, dont les actes peuvent seuls communiquer à la gestion et aux progrès de l'administration que je dirige, toute l'activité et l'énergie que l'insuffisance de mes pouvoirs ne me permet pas de leur donner; je dois, comme comptable, répandre le plus grand jour sur mes opérations; rendre compte des succès de mes travaux, et des obstacles qui en suspendent la marche, ou des soins que j'ai apportés à les faire cesser, et éloigner ainsi de moi, non-seulement les reproches, mais même tout soupçon qui tendrait à m'attribuer des lenteurs et une inaction qui ne proviennent pas de mon fait.

A ce double titre il m'a paru indispensable de consigner par écrit cette sorte de preuve de mes diligences; preuve, j'ose le dire, CITOYEN MINISTRE, bien moins nécessaire pour vous qui, ayant depuis votre installation au ministère, partagé mes anxiétés, et concouru avec moi, dans mes sollicitations vis-à-vis du Directoire et du Corps Législatif, êtes sans doute convaincu de l'exactitude de ma surveillance, que pour les nouvelles Autorités Constituées qu'amèneront incessamment les renouvellemens constitutionnels, et dont les membres peu instruits des faits, pourraient imputer à l'administrateur une stagnation qu'on ne doit attribuer qu'à l'absence des lois et à l'insuffisance de celles existantes.

Je vais donc remettre sous vos yeux, et rappeler à votre attention les divers rapports que j'ai adressés, soit au Directoire, soit à vous, soit à votre prédécesseur, sur lesquels j'attends, avec une impatience égale à celle des malheureux créanciers, les décisions ou les lois qui seules peuvent accélérer leur liquidation et l'entière libération de la République.

Voici le tableau des rapports restés indécis.

TITRES DES RAPPORTS.	OBSERVATIONS.
I°.	**I°.**
FIXATION définitive 1°. de l'époque générale de la promulgation de la loi du 9 Février 1792, qui doit servir à déterminer la date légale de l'émigration, relativement à chaque département; 2°. et du mode de justification de la part des créanciers de la postériorité de l'émigration de leurs débiteurs à cette promulgation de la loi.	*Ce premier article est un de ceux sur lesquels le Conseil des Cinq-Cents a adopté une résolution; et c'est cette résolution qui, pour quelque vice de rédaction, a été rejetée par celui des Anciens.*
II°.	**II°.**
LIQUIDATION des créances des fournisseurs, ouvriers, artistes, instituteurs et domestiques. Cette matière présente plusieurs questions à décider. 1°. La fixation du délai et de l'étendue que l'on doit assigner à la prescription que la loi s'est réservée d'opposer à ces créanciers. 2°. Celle du mode de représentation des livres des marchands. 3°. Celle du mode de vérification et réglement des ouvrages et fournitures.	*Les questions contenues dans ce second article, ont fait la matière d'une résolution prise le 29 Thermidor an 5, par le Conseil des Cinq-Cents, transmise à celui des Anciens, et sur laquelle ce dernier Conseil ne s'est pas encore prononcé.*

TITRES DES RAPPORTS. OBSERVATIONS.

4º. Et l'établissement de quelques exceptions rigoureusement justes en faveur des maîtres de langue, arts ou sciences, des instituteurs ou maîtres de pension, et des domestiques.

IIIº.

FIXATION du mode de suppléer les titres perdus.

Même observation que celle précédente.

IVº.

FIXATION du mode de suppléer les arbitrages forcés qui avaient été introduits par l'article 23 de la loi du premier Floréal an 3, pour la décision des contestations restées pendantes et indécises, et qui ont été supprimées par la loi du 9 Ventôse an 5.

Même observation.

Vº.

1º. MODE de confection des listes ou états des émigrés en faillite ou insolvables, prescrits par l'article 39.

2º. Nécessité d'autoriser les administrations liquidantes à exiger de nouvelles affirmations de créanciers.

3º. Dispense de la production du certificat de non-opposition par les créanciers, antérieurement à la délivrance des reconnaissances de liquidation définitive.

Même observation.

TITRES DES RAPPORTS.	OBSERVATIONS.

VIo.

NÉCESSITÉ d'établir un nouveau mode de liquidation et de payement des arrérages des rentes et pensions, vu la disparution et le retrait de papier-monnaie, dans lequel la loi du premier Floréal ordonnait que seraient faits ces liquidations et payemens.

VIo.

Même observation.

VIIo.

FIXATION du mode de liquidation des créances à exercer sur des successions acceptées seulement sous bénéfice d'inventaire par les héritiers émigrés.

VIIo.

La Commission du Conseil des Cinq-Cents avait inséré, dans l'un de ses projets de résolution, une disposition relative à cet objet; mais elle ne paraît pas avoir été adoptée lors de la discussion, et elle ne fait point partie des résolutions ci-dessus, envoyées au Conseil des Anciens.

VIIIo.

NÉCESSITÉ d'attribuer aux agens de la liquidation du passif des émigrés, celle active des biens et droits

VIIIo.

Même observation que la précédente.

TITRES DES RAPPORTS.

indivis, relativement sur-tout aux liquidation et partage des successions
indivises entre émigrés et non émigrés.

IX°.

FIXATION du mode de liquidation des finances attachées aux char-
ges et offices des maisons des ci-de-
vant princes et seigneurs, et de celui
de l'admissibilité des brevets de re-
tenue accordés sur ces finances.

X°.

NÉCESSITÉ d'une loi coercitive
contre les créanciers qui, ayant pour
obligés solidairement des débiteurs
émigrés et non-émigrés, ou n'ont pas
produit leurs titres, ou les ont retirés,
se réservant de se pourvoir contre les
cautions ou obligés solidaires non-
émigrés, et exposent ainsi la nation
à des recours indéfinis de la part de
ces cautions ou obligés solidaires, ce
qui retarde d'un côté la libération de
la République, en prolongeant la liquidation, et de l'autre, laisse une
incertitude continuelle sur le montant
définitif de la dette.

OBSERVATIONS.

IX°.

*La Commission du
Conseil des Cinq-
Cents ne s'est pas
encore occupée de
l'examen des ques-
tions diverses déve-
loppées dans ce rap-
port, qui intéresse
une masse nom-
breuse de créan-
ciers.*

X°.

*Même observation
que celle qui pré-
cède.*

| TITRES DES RAPPORTS. | OBSERVATIONS. |

XI°.   XI°.

PROJET indispensable de la formation d'une liste générale des successions de parens d'émigrés, ouvertes au profit de la nation, et de la publication de cette liste, à l'effet de régler et déterminer l'ouverture du délai de la production des titres de créance à exercer sur ces successions ; mesure sans laquelle il est impossible et d'opposer la déchéance aux créanciers non avertis, et de connaître et liquider la masse de cette espèce de dettes.

Même observation.

XII°.   XII°.

NÉCESSITÉ de suppléer par un autre mode de liquidation, celui réglé par la loi du premier Floréal an 3, pour la liquidation et le payement en assignats des créances exigibles de 2000 liv. et au-dessous, et de celles constituées, dont le capital est au-dessous de 1000 livres, dont les reconnaissances, aux termes de cette loi, ne sont ni inscriptibles sur le grand livre, ni employables en payement de biens nationaux.

Même observation.

(*Voir ce que dit à cet égard le Ministre des Finances page 64, de son Compte rendu au Directoire exécutif*)

Tels sont, CITOYEN MINISTRE, les principaux rapports relatifs à des questions ou à des mesures générales dont l'indécision ou la non fixité entravent la liquidation de la majeure partie des dettes des émigrés, et laissent, dans les angoisses du besoin et de l'incertitude , une foule considérable de créanciers , presque tous nécessiteux , et sans autres ressources que le résultat de leur créances.

D'autres causes moins générales, d'autres circonstances particulières , contribuent à retarder encore la marche des travaux, sans qu'il puisse dépendre de moi de faire cesser ces obstacles.

Ici , ce sont les retards qu'a apportés jusques à présent l'agence de l'actif des émigrés, à m'adresser soit les états de l'actif des émigrés, présumés en faillite ou insolvables , soit ceux de l'actif des successions indivises ; delà l'impossibilité d'effectuer la comparaison de l'actif et du passif des unions et successions, et de procéder à la discussion et à la liquidation des créances ; soit enfin les retards de cette même administration à me produire les registres, titres et papiers trouvés sous les scellés après l'émigration des débiteurs ; delà l'impossibilité de procéder à la vérification de la sincérité des déclarations des créanciers, et alternative également préjudiciable , ou d'allouer aux créanciers plus qu'il ne leur est dû , ou de suspendre indéfiniment la liquidation de leurs créances , jusqu'a l'arrivée incertaine des renseignemens nécessaires.

Là c'est l'inconvénient de l'irrégularité et du vice de la rédaction des listes d'émigrés , inscriptions équivoques relativement aux individus , inscriptions des mêmes individus dans plusieurs départemens ; delà , nécessité de se pourvoir par devers vous pour obtenir , soit fixation du dernier domicile , soit la détermination de l'individualité des personnes inscrites sans désignation de qualités ou sans indications de prénoms; ce seul inconvéniens arrête la liquidation de près de 12,000 parties.

Ici la nécessité d'assujétir les créances et notamment

les pensionnaires à l'insinuation de leurs brevets et do-
nations : outre le droit fixe d'un franc pour l'insinuation,
on exige d'eux un droit d'enregistrement de 40 pour 100,
du capital fictif qu'on suppose à leurs pensions. Il est
impossible à la presque totalité de ces rentiers et pensionnaires de fournir une avance qui excède toujours
leurs arrérages et souvent leurs capitaux, et delà,
négligence de leur part à se mettre en règle, et sommeil
d'une branche nombreuse de liquidation.

Là, c'est l'embarras de reconnaître la filiation et les
qualités dans lesquelles l'émigré est devenu débiteur
de créances dont l'origine remonte à une génération re-
culée ; l'inconvenance d'exiger des créanciers de lever
les actes, extraits ou expéditions nécessaires à l'établissement des qualités du débiteur, et de leur commander
dès avances plus considérables souvent que leurs créances ;
le défaut enfin d'une mesure qui m'autorise à me procurer, aux frais de la nation, les extraits d'actes et
renseignemens nécessaires ; toutes ces circonstances occa-
sionnent encore la suspension d'une quantité de liquidations non moins nombreuses.

Ici, enfin, et je ne dois pas vous céler cette cause par-
ticulière de la langueur des travaux ; c'est le défaut absolu
de payement des honoraires, soit des arbitres, qui s'oc-
cupent journellement, depuis plus de deux ans, de la décision des contestations, soit des commissaires nationaux
près les unions des créanciers d'émigrés insolvables, soit
enfin des individus de diverses professions, continuelle-
ment employés à procéder aux visites, expertises, vérification, taxe et réglement des mémoires d'ouvrages et
fournitures dont on réclame la liquidation.

L'espèce d'oubli et d'indifférence totale que le Gouver-
nement a témoignés jusqu'à présent sur la fixation et la
solde de leurs honoraires, ou les éloignent de se livrer à

des occupations dont ils ne recueillent aucun fruit, aucune utilité, ou les autorisent en quelque sorte à ne s'y livrer qu'avec tiédeur, et à leur préférer des travaux plus fructueux : cet inconvénient est tel, que je me trouve dans une pénurie de sujets propres à remplir ces diverses fonctions, qui ne peuvent être commandées par aucune force majeure, et que nul ne consentira à remplir que dans l'espoir d'un bénéfice qui l'indemnisera de l'emploi de son temps.

Delà encore une nouvelle cause de relâche dans les travaux, et cette cause n'est pas la moins importante de toutes.

Je bornerai à cet apperçu, CITOYEN MINISTRE, le tableau des obstacles multipliés qui s'opposent à la célérité des opérations dont je suis chargé ; leur simple exposition suffira pour vous convaincre du préjudice qui en résulte, de la nécessité d'y apporter un prompt remède, de celle de me fournir tous les moyens qui me manquent, et qui seuls sont dans le cas d'activer et d'accélérer la marche encombrée de la liquidation, moyens qui ne peuvent émaner de ma puissance, mais bien de celle du Corps législatif et du Directoire exécutif, à qui seuls appartient le pouvoir d'émettre ou les lois ou les arrêtés propres à diriger ma conduite, et à régler la marche de mes opérations.

Pour employer utilement l'intervalle de temps pendant lequel il me faudra attendre l'émission de ces lois, et rendre en quelque sorte les retards moins préjudiciables, je viens de tracer aux employés des différentes divisions de mon Bureau, une opération préliminaire, qui tend à préparer d'avance l'examen des liquidations suspendues, quant à présent, par les causes dont je viens de vous rendre compte, et dont l'effet sera d'accélérer beaucoup

plus promptement ces liquidations, aussi-tôt que ces obstacles seront levés.

J'ai donc prescrit d'examiner et de vérifier toutes les
productions déposées dans mes Bureaux, de distinguer,
dans ce recensement général, les réclamations susceptibles
d'être admises à présent, d'avec celles qui sont dans le
cas d'être définitivement rejetées, de tenir note dans
chaque liasse de l'admissibilité ou inadmissibilité des réclamations.

J'ai enjoint aux liquidateurs, à l'égard des créances
dont la liquidation n'est suspendue que par le fait des
créanciers, et le défaut de production de leur part des
pièces nécessaires au travail, de correspondre de suite
avec eux à ce sujet, et de constater pareillement dans
chaque liasse, et cette correspondance, et le résultat qu'elle
procurera.

A l'égard des créances dont la liquidation est retardée
par le silence des lois, j'ai prescrit qu'il soit fait mention
de ces empêchemens sur des notes particulières annexées
aux liasses, et que l'on m'adressât un relevé général de
ces notes.

Cette vérification, dont j'ai recommandé l'entier achè-
vement pour le premier Ventôse prochain, me mettra à
portée de vous justifier à cette époque, que la confection de mes opérations n'est retardée que par des causes
qui me sont absolument étrangères.

C'est ainsi, CITOYEN MINISTRE, que dans le moment présent, j'anticipe, autant qu'il m'est possible, sur
les travaux du temps à venir, et que je satisfais ce desir
inquiet dont je suis sans cesse agité, d'atteindre le but
et le dernier terme de ma carrière.

Je réclame donc en ce moment toute votre surveillance
et toute votre attention sur les objets contenus dans cette

lettre. Veuillez remettre sous les yeux du Directoire le tableau fidèle et rien moins qu'exagéré de la situation de mon administration, des besoins nombreux qui m'assiègent, et de l'état incomplet ou vicieux de la législation relative à la liquidation ; veuillez réclamer vous-même sa sollicitude paternelle pour de malheureux créanciers, végétant dans l'attente de leur payement ; réveiller son attention, momentanément détournée de ces objets, et le solliciter ou de rendre ses décisions sur les points qui en sont susceptibles, ou d'adresser des messages au Corps législatif, pour le presser de s'occuper des questions et des difficultés qui ne peuvent être décidées que par des lois expresses.

Satisfait, CITOYEN MINISTRE, d'avoir déposé dans votre sein les inquiétudes dont je suis oppressé, je me repose entièrement sur vous du soin de les faire cesser. Je ne doute pas que je ne recueille promptement le fruit de vos sollicitations, et que je ne puisse bientôt, d'un côté, offrir aux créanciers une satisfacion si long-temps attendue, et de l'autre, jouir moi-même de celle de voir s'utiliser mon zèle et mes travaux.

BERGEROT.

De l'Imprimerie de BERTRAND-QUINQUET, rue Germain-l'Auxerrois, N°. 53.

Ce premier Nivôse an 6.